BEI GRIN MACHT SICH IHR WISSEN BEZAHLT

- Wir veröffentlichen Ihre Hausarbeit, Bachelor- und Masterarbeit

- Ihr eigenes eBook und Buch - weltweit in allen wichtigen Shops

- Verdienen Sie an jedem Verkauf

Jetzt bei www.GRIN.com hochladen und kostenlos publizieren

Abhängigkeit vom Alter zur Sterblichkeit durch COVID-19? Statistische Datenanalyse der bundesweiten Todesfälle

Isabell Blanke

Bibliografische Information der Deutschen Nationalbibliothek:

Die Deutsche Nationalbibliothek verzeichnet diese Publikation in der Deutschen Nationalbibliografie; detaillierte bibliografische Daten sind im Internet über http://dnb.d-nb.de abrufbar.

ISBN: 9783346392954
Dieses Buch ist auch als E-Book erhältlich.

© GRIN Publishing GmbH
Nymphenburger Straße 86
80636 München

Alle Rechte vorbehalten

Druck und Bindung: Books on Demand GmbH, Norderstedt Germany
Gedruckt auf säurefreiem Papier aus verantwortungsvollen Quellen

Das vorliegende Werk wurde sorgfältig erarbeitet. Dennoch übernehmen Autoren und Verlag für die Richtigkeit von Angaben, Hinweisen, Links und Ratschlägen sowie eventuelle Druckfehler keine Haftung.

Das Buch bei GRIN: https://www.grin.com/document/1005087

FOM Hochschule für Oekonomie & Management

Hochschulzentrum Hagen

Seminararbeit im Modul

Wissenschaftliche Methoden - quantitative Datenanalyse (HA)

Mit dem Thema:

Eine statistische Datenanalyse der bundesweiten Todesfälle begründet durch COVID-19

Isabell Blanke

2020

Inhaltsverzeichnis

Abbildungsverzeichnis III

Tabellenverzeichnis IV

Abkürzungsverzeichnis V

1   Einleitung 1

     1.1   Fragestellung und Zielsetzung 1

     1.2   Gang der Arbeit 1

2   Vorstellung des Datenmaterials 2

     2.1   Datenmaterial und Aufbereitung 2

     2.2   Darstellung des Datensatzes 4

3   Statistische Analyse 6

     3.1   Auswahl der Methoden 6

     3.2   Durchführung der Analyse 7

4   Fazit und Ausblick 10

Literaturverzeichnis VI

Abbildungsverzeichnis

Abbildung 1: Einlesen des Datenmaterials in RStudio 2

Abbildung 2: Prüfung der Dimensionen 3

Abbildung 3: Filtern der Variablen 3

Abbildung 4: Entfernen der Unbekannten 4

Abbildung 5: Adaption der Altersklassen 4

Abbildung 6: Todesfälle je Alter und Geschlecht 5

Abbildung 7: Altersdurchschnitt der Todesfälle 6

Abbildung 8: Chi-Quadrat-Analyse 8

Abbildung 9: Bestimmung des kritischen Bereichs 9

Abbildung 10: Korrektur des Kontingenzkoeffizienten 9

Tabellenverzeichnis

Tabelle 1: Todesfälle je Alter und Geschlecht 5
Tabelle 2: Kontingenztabelle als Testgrundlage 8

Abkürzungsverzeichnis

H0   Nullhypothese

HA   Alternativhypothese

1 Einleitung

1.1 Fragestellung und Zielsetzung

Die Lungenkrankheit COVID-19, ausgelöst durch das Virus SARS-CoV-2 der Familie der Coronaviren, stellt im Jahre 2020 die gesamte Welt auf den Kopf. Der neuartige Erreger verursacht Krankheitssymptome vergleichbar einer Lungenentzündung und kann einen gefährlichen, unter Umständen sogar tödlichen Krankheitsverlauf hervorrufen. Das Virus wird überwiegend über die sogenannte Tröpfcheninfektion übertragen und verbreitet sich aufgrund der fehlenden Immunität rasant sowie weltweit und stellt demnach eine große Gefahr für die Menschheit dar.[1]

Über den exakten Auslöser der Viren existieren bislang nur Vermutungen, es wird jedoch von einem Ursprung auf dem Lebensmittelmarkt in Wuhan, der Hauptstadt der chinesischen Provinz Hubei, ausgegangen.[2]

Bereits nach kurzer Zeit sprachen diverse Lungenfachärzte von Abhängigkeiten auf Krankheitsverläufe und formulierten in diesem Zuge sogenannte „Risikogruppen". Personen dieser Gruppen sollen anfälliger sein und einem erhöhten Risiko unterliegen, schwere Konsequenzen von einer Infektion davonzutragen. Beispiele für Risikogruppen sind Menschen mit Vorerkrankungen, vor allem bei Erkrankungen der Atemwege oder auch das Alter und Geschlecht der Patienten.[3]

Aber sind ältere Menschen tatsächlich gefährdeter und somit einem hohen Risiko ausgesetzt, an der Infektion zu versterben? In Folge dieser Seminararbeit soll mithilfe einer statistischen Analyse genau diese Frage beantwortet werden.

1.2 Gang der Arbeit

Die Arbeit wird eingeleitet von einer Vorstellung und Abgrenzung des Datenmaterials mittels deskriptiver Umschreibung sowie grafischer Darstellung. Durch eine zusätzliche

---

[1] Vgl. https://www.rki.de/DE/Content/InfAZ/N/Neuartiges_Coronavirus/Falldefinition.pdf;jsessionid=9D86C33DCA82DA6263297CB578C22C2B.internet072?__blob=publicationFile, Zugriff am 25.08.2020

[2] Vgl. https://www.bundesregierung.de/breg-de/themen/coronavirus/falschmeldungen-erkennen-1738120, Zugriff am 25.08.2020

[3] Vgl. https://www.rki.de/DE/Content/InfAZ/N/Neuartiges_Coronavirus/Risikogruppen.html, Zugriff am 25.08.2020.

Veranschaulichung der Lagemaße soll ein zusätzlicher Bezug zur Fragestellung hergestellt werden und die Intention der Analyse herausgebildet werden.

Weiterführend wird die anzuwendende statistische Methodik ausgewählt und beschrieben. Im Kapitel 2.4 folgt die statistische Analyse des Datensatzes inklusive Vorstellung der Forschungsergebnisse.

Abschließend wird unter Einbezug der Fragestellung, der Methodik, der Ergebnisse sowie eventueller Grenzen der Analyse ein Fazit und Ausblick formuliert.

Für die Umsetzung dieser Seminararbeit werden jegliche Berechnungen und grafische Darstellungen mit der Software RStudio umgesetzt.

2 Vorstellung des Datenmaterials

2.1 Datenmaterial und Aufbereitung

Das Datenmaterial dieser Analyse stammt aus der online verfügbaren Datensammlung des Robert-Koch-Instituts, ein ausgezeichnetes biomedizinisches Institut mit Sitz in Deutschland.[4]

Die Sammlung der COVID-19 bezogenen Daten für ganz Deutschland ist tagesaktuell unter folgendem Link zum Download verfügbar: https://npgeo-corona-npgeo-de.hub.arcgis.com/datasets/ dd4580c810204019a7b8eb3e0b329dd6_0/data.

Die letzte Aktualisierung zum Zeitpunkt des Downloads erfolgte am 12.08.2020 um 00:00 Uhr und bildet den Datenstand bis einschließlich dem 11.08.2020 bis 23:59 Uhr ab.

Zu Beginn wurde der Datensatz in RStudio eingelesen und betrachtet.

Abbildung 1: Einlesen des Datenmaterials in RStudio

```
## Datensatz einlesen
COVID_ORIGINAL <- read_csv("RKI_COVID19.csv")
```

Quelle: Eigene Darstellung

---

[4] Vgl. https://www.rki.de/DE/Content/Institut/institut_node.html, Zugriff am 25.08.2020

Der Datensatz umfasst zahlreiche Merkmale und Merkmalsausprägungen. Die Dimensionen wurden mithilfe der folgenden Befehle abgefragt.

Abbildung 2: Prüfung der Dimensionen

```
## Dimensionen prüfen
ncol(COVID_ORIGINAL)

## [1] 18

nrow(COVID_ORIGINAL)

## [1] 162675
```

Quelle: Eigene Darstellung

Der Befehl „ncol" bildet dabei die Anzahl der verschiedenen Variablen ab, der Befehl „nrow" zeigt die Anzahl der Ausprägungen, also der Zeilen auf. Aufgrund der Fragestellung sind für diese Seminararbeit nur die Altersklassen, das Geschlecht, die Todesfälle und die Anzahl der genesenen Personen durch COVID-19 von Relevanz. Aufgrund dessen wurde das Material auf diese Merkmale gefiltert.

Abbildung 3: Filtern der Variablen

```
## Filtern der Variablen
COVID_FILTERED <- COVID_ORIGINAL[ , c("Geschlecht", "Altersgruppe",
"AnzahlGenesen", "AnzahlTodesfall")]
```

Quelle: Eigene Darstellung

Das ursprüngliche Datenmaterial enthält eine geringe Anzahl an Merkmalsträgern, dessen Alter oder Geschlecht unbekannt sind. Diese wurden entfernt, um die Grundbedingungen für eine Datenanalyse zu schaffen.

Abbildung 4: Entfernen der Unbekannten

```
## Entfernen der unbekannten Merkmale
COVID_FILTERED <- subset(COVID_FILTERED, Geschlecht=="M" | Geschlech
t=="W")
COVID_FILTERED <- subset(COVID_FILTERED, Altersgruppe=="A00-A04" | A
ltersgruppe=="A05-A14" | Altersgruppe=="A15-A34" | Altersgruppe=="A3
5-A59" | Altersgruppe=="A60-A79" | Altersgruppe=="A80+")
```

Quelle: Eigene Darstellung

Zusätzlich wurden die bereits bestehenden Altersklassen anlässlich identischer Intention größer gefasst.

Abbildung 5: Adaption der Altersklassen

```
## Adaption der Altersklassen
COVID_FILTERED <- replace(COVID_FILTERED, COVID_FILTERED=="A00-A04",
"A00-A34")
COVID_FILTERED <- replace(COVID_FILTERED, COVID_FILTERED=="A05-A14",
"A00-A34")
COVID_FILTERED <- replace(COVID_FILTERED, COVID_FILTERED=="A15-A34",
"A00-A34")
COVID_FILTERED <- replace(COVID_FILTERED, COVID_FILTERED=="A80+", "A
80-A107")
```

Quelle: Eigene Darstellung

Die daraus resultierende Analysegrundlage zeigt somit die absoluten Häufigkeiten der Todesfälle und der genesenen Patienten durch eine COVID-19 Infektion inklusive Zuordnung zum jeweiligen Geschlecht sowie zur Altersklasse.

2.2 Darstellung des Datensatzes

Für die nachfolgende Darstellung wurde eine Kontingenztabelle mit Randhäufigkeiten erzeugt, welche die Todesfälle je Geschlecht und je Altersgruppe komprimiert wiedergibt. Die genesenen Patienten sind aufgrund der Übersichtlichkeit nicht inkludiert und dienen nur zu Berechnungszwecken.

Tabelle 1: Todesfälle je Alter und Geschlecht

	A00-A34	A35-A59	A60-A79	A80-A107	Sum
M	14	311	2053	2722	5100
W	6	114	911	3072	4103
Sum	20	425	2964	5794	9203

Quelle: Eigene Darstellung

Auf den ersten Blick ist erkennbar, dass die Anzahl der Todesfälle von der jüngsten bis zur ältesten Klasse stetig steigen, was die Annahme einer Altersabhängigkeit stützt. Die Darstellung der Kreuztabelle innerhalb eines Säulendiagramms verdeutlicht dies zusätzlich.

Abbildung 6: Todesfälle je Alter und Geschlecht

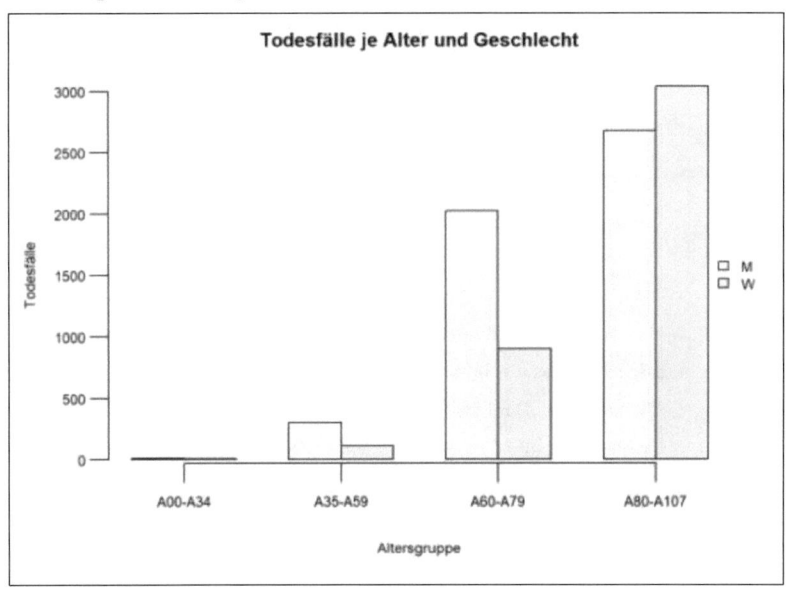

Quelle: Eigene Darstellung

Ebenfalls erkennbar ist eine konträr wirkende Ausprägung je Geschlecht. Von einem Muster ist jedoch nicht auszugehen, da kein Geschlecht konstant höhere oder niedrigere

Todeszahlen zu verzeichnen hat. Aufgrund dessen wird die Variable „Geschlecht" für die folgenden Analysemethoden nicht berücksichtigt und dient nur der Illustration.

Zur Veranschaulichung der demografischen Lage der Daten, wurde das arithmetische Mittel des Alters gebildet, welches in der nachfolgenden Abbildung dargestellt wird.

Abbildung 7: Altersdurchschnitt der Todesfälle

```
## Berechnen des Mittelwertes des Alters der Todesfälle
Klassenmitte <- c(((34-0)/2+0), (59-35)/2+35, (79-60)/2+60, (107-80
)/2+80)
weighted.mean(Klassenmitte, aggregate(COVID_PLOT$x, by = list(COVID_
PLOT$Group.1), FUN=sum)$x)

## [1] 83.48722
```

Quelle: Eigene Darstellung,

Das arithmetische Mittel des Alters beträgt demnach 83,48722 Jahre, welches ein fortgeschrittenes Alter darstellt. Das gibt zusätzlich zu den in Kapitel 1.1 erläuterten Ansichten der Fachärzte einen weiteren Impuls, diese Abhängigkeit zu prüfen.

3 Statistische Analyse

3.1 Auswahl der Methoden

Für die Prüfung von Abhängigkeiten existieren diverse statistische Methoden. Dieser Datensatz wird analysiert mit dem Chi-Quadrat-Unabhängigkeitstest nach Pearson, welcher die Abhängigkeit zweier Merkmale zueinander innerhalb eines Hypothesentests stochastisch untersucht. Der Chi-Quadrat-Test ist unter Anderem geeignet für nominalskalierte Variablen und einer der meist verwendeten Verteilungen in der Interferenzstatistik.[5]

Innerhalb der Analyse wird eine bestehende Kontingenztabelle zunächst mithilfe der Chi-Quadrat-Verteilung neu verteilt. Im weiteren Verlauf werden die Abweichungen der jeweiligen Werte berechnet und anschließend quadriert, um positive Ergebnisse zu gewährleisten. Das ist von fundamentaler Bedeutung, da die Summe aller Abweichungen als

---

[5] Vgl. *Bleymüller, J., Weißbach, R.*, Wissenschaft, 2014, S. 161.

Ganzes berücksichtigt werden müssen. Das Ergebnis des Tests ist der Chi-Quadrat-Koeffizient.[6]

Unter Berücksichtigung der Dimensionen der Datenmatrix sowie des vorher festzulegenden Signifikanzniveaus kann nun ein Vergleichswert berechnet werden, welcher einen kritischen Bereich festlegt. Dieser dient als Grenzrichtwert und zeigt im Vergleich zum Chi-Quadrat-Koeffizienten ob eine Abhängigkeit vorliegt. Ist der errechnete Wert kleiner oder gleich hoch, ist nicht von einer Abhängigkeit auszugehen, was die Hypothese auf Unabhängigkeit belegt.[7]

Das Ergebnis des Tests trifft demnach eine Aussage darüber, ob eine Abhängigkeit herrscht. Jedoch kann er keine Aussage darüber treffen, in welchem Ausmaß oder in welche Richtung die Abhängigkeit beeinflusst. Ursache dafür ist die Abhängigkeit vom Stichprobenumfang sowie der Dimensionen der Datenmatrix. Aufgrund dessen wird der Analyse bei vorhandener Abhängigkeit zusätzlich der Kontingenzkoeffizient von Pearson hinzugezogen.[8]

Der Kontingenzkoeffizient kann entgegen des Chi-Quadrat-Tests eine Aussage über die Stärke der Abhängigkeit geben. Dabei stellt ein Ergebnis von 1 einen perfekten Zusammenhang und ein Wert von 0 keinen Zusammenhang dar. Keine Aussage kann der Koeffizient darüber treffen, in welcher Form oder in welche Richtung der Effekt auftritt.[9]

3.2 Durchführung der Analyse

Die in 1.1 hergeleitete Fragestellung für die Analyse lautet: „Gibt es eine Abhängigkeit zwischen der Altersklasse und der Sterblichkeit an COVID-19?".

Daraus resultieren für die Analyse die nachfolgend aufgeführten Hypothesen:

H0: *Die Sterblichkeit an COVID-19 ist unabhängig von der Altersklasse.*

HA: *Die Sterblichkeit an COVID-19 ist nicht unabhängig von der Altersklasse.*

Für die Analyse wurde eine Kontingenztabelle erstellt, welche die genesenen und verstorbenen Patienten je Altersklasse wiedergibt.

---

[6] Vgl. *Hellbrück, R.*, Statistik mit R, 2009, S. 92.
[7] Vgl. *Bleymüller, J., Weißbach, R.*, Wissenschaft, 2014, S. 162-163.
[8] Vgl. *Kuckartz, U., et al.*, Einführung, 2013, S. 97-99.
[9] Vgl. *Sibbertsen, P., Lehne, H.*, Statistik, 2010, S. 119.

Tabelle 2: Kontingenztabelle als Testgrundlage

	Genesen	Verstorben
A00-A34	64791	20
A35-A59	84688	425
A60-A79	33270	2964
A80-A107	15620	5794

Quelle: Eigene Darstellung

Mit Bezug zu den ausgewählten Daten, wurde in RStudio eine Übersicht diverser Abhängigkeitskoeffizienten erstellt, welche sich wie folgt abbildet:

Abbildung 8: Chi-Quadrat-Analyse

```
## Durchführung der Korrelationsanalyse
Correlation <- assocstats(COVID_CALC)
Correlation

##                     X^2 df P(> X^2)
## Likelihood Ratio 23202  3        0
## Pearson          31229  3        0
##
## Phi-Coefficient    : NA
## Contingency Coeff. : 0.371
## Cramer's V         : 0.399
```

Quelle: Eigene Darstellung

Wie im vorherigen Kapitel beschrieben, sind für diese Analyse der Chi-Quadrat-Koeffizient, sowie der Kontingenzkoeffizient nach Pearson von Relevanz. Der Chi-Quadrat-Koeffizient liegt bei 31229, der p-Wert bei 0. Anhand des p-Werts lässt sich umgehend ableiten, dass eine signifikante Abhängigkeit vorliegt, da dieser kleiner als das Signifikanzniveau von 0,05 ist.[10]

Um dies zusätzlich zu überprüfen wurde im Folgenden der kritische Bereich festgelegt.

---

[10] Vgl. *Hellbrück, R.*, Statistik mit R, 2009, S. 96-97.

Abbildung 9: Bestimmung des kritischen Bereichs

```
## Berechnung der Testverteilung für den kritischen Bereich
qchisq(0.95, 3)
```

```
## [1] 7.814728
```

Quelle: Eigene Darstellung

Das Ergebnis von 7,814728 stellt den Grenzrichtwert dar. Somit lässt sich der kritische Bereich wie folgt formulieren:

Ablehnungsbereich: $x^2 > 7,814728$

Annahmebereich: $x^2 \leq 7,814728$

Da der errechnete Chi-Quadrat-Koeffizient von 31229 deutlich größer ist als der Grenzrichtwert, ist eine signifikante Abhängigkeit bestätigt. Die formulierte Nullhypothese ist demnach verworfen und die Alternativhypothese wird angenommen.[11]

Um die Effektgröße der Abhängigkeit festzulegen, wurde wie im vorherigen Kapitel erläutert der Kontingenzkoeffizient nach Pearson verwendet. Da es sich in diesem Datenbeispiel um eine Kontingenztabelle mit ungleichen Merkmalen handelt, ist eine Korrektur des Koeffizienten erforderlich.[12]

Abbildung 10: Korrektur des Kontingenzkoeffizienten

```
## Korrektur der Korrelation von Bravais Pearson
c <- Correlation$contingency
cmax <- sqrt(2/(2-1))
ck <- cmax*c
ck
```

```
## [1] 0.5241459
```

Quelle: Eigene Darstellung

---

[11] Vgl. *Eckstein, P.*, Wirtschaft, 2010, S. 287.
[12] Vgl. *Sibbertsen, P., Lehne, H.*, Statistik, 2010, S. 120.

Somit lässt sich feststellen, dass die Chance auf Genesung zu 52,42% von demografischen Aspekten abhängt. Daran abgeleitet ist davon auszugehen, dass ein starker Zusammenhang zwischen der Altersgruppe und der Sterblichkeit an COVID-19 existiert.[13]

4 Fazit und Ausblick

Entsprechend des Resultats im Kapitel 2.4.3 wird die Alternativhypothese angenommen. Das bedeutet, dass eine Abhängigkeit der beiden Merkmale zueinander festgestellt werden kann. Der Kontingenzkoeffizient zeigt, dass die Effektstärke mit 52,42 % relativ hoch einzustufen ist.

Da beide Koeffizienten keine Aussage über die Form und Richtung der Abhängigkeit geben können, müssten für tiefgründigere Interpretationen noch weitere statistische Methoden hinzugezogen werden. Es zeigt jedoch, dass die Ergebnisse die Hypothesen und Annahmen der Fachärzte nicht widerlegen, sondern bestärken.

Zur Aussagefähigkeit der Tests ist anzumerken, dass das Alter nicht den einzigen Einflussfaktor auf einen schlimmen Krankheitsverlauf darstellt. Merkmale wie Vorerkrankungen oder generelle Immunschwäche werden in dieser Analyse unberücksichtigt. Darüber hinaus ist die Genauigkeit in der Datenerhebung anzuzweifeln. Des Öfteren wurde in der Öffentlichkeit die Frage diskutiert, ob ein Patient in Folge von COVID-19 gestorben ist, oder ob die tatsächliche Todesursache eine andere ist. Dies kann in manchen Fällen nicht vollständig nachgewiesen werden.[14]

Zusammenfassend konnte in dieser Arbeit eine Abhängigkeit vom Alter zur Sterblichkeit durch COVID-19 festgestellt werden. Unter Einbezug weiterer Daten sowie weiterer statistischer Methoden könnte die Analyse an Aussagefähigkeit und Genauigkeit gewinnen.

---

[13] Vgl. *Kühnel, S. M., Krebs, D.*, Grundlagen, 2012, S. 322.
[14] Vgl. https://www.tagesspiegel.de/wissen/gestorben-mit-oder-an-covid-19-warum-in-deutschland-so-wenige-corona-tote-obduziert-werden/25726918.html, Zugriff am 25.08.2020

Literaturverzeichnis

Bleymüller, Josef, Weißbach, Rafael (Wissenschaft, 2014): Statistik für Wirtschaftswissenschaftler, 17. Aufl., München: Vahlen, 2014

Eckstein, Peter P. (Wirtschaft, 2010): Statistik für Wirtschaftswissenschaftler, 2. Aufl., Wiesbaden: Gabler, 2010

Hellbrück, Reiner (Statistik mit R, 2009): Angewandte Statistik mit R – Eine Einführung für Ökonomen und Sozialwissenschaftler, 1. Aufl., Wiesbaden: Gaber, 2009

Kuckartz, Udo, et al (Einführung, 2013): Statistik – Eine verständliche Einführung, 2. Aufl., Wiesbaden: Springer Fachmedien, 2013

Kühnel, Steffen-M., Krebs, Dagmar (Grundlagen, 2014): Statistik für die Sozialwissenschaften – Grundlagen Methoden Anwendungen, 7. Aufl., Hamburg: Rohwolt, 2014

Sibbertsen, Philipp, Lehne, Hartmut (Statistik, 2015): Statistik – Einführung für Wirtschafts- und Sozialwissenschaftler, 2. Aufl., Heidelberg: Springer, 2015

Internetquellen

Bundesregierung, (Ursprung und Verbreitung, 2020): Ursprung und Verbreitung – Mythen rund um das Covid-19-Virus, <https://www.bundesregierung.de/breg-de/themen/coronavirus/falschmeldungen-erkennen-1738120> (2020) [Zugriff 2020-08-25]

RKI, (Das Institut, 2020): Das Robert Koch-Institut, < https://www.rki.de/DE/Content/Institut/institut_node.html> (2020) [Zugriff 2020-08-25]

RKI, (Definition COVID-19, 2020): Coronavirus-Krankheit-2019 (COVID-19) (SARS-CoV-2), <https://www.rki.de/DE/Content/InfAZ/N/Neuartiges_Coronavirus/Falldefinition.pdf;jsessionid=9D86C33DCA82DA6263297CB578C22C2B.internet072?_blob=publicationFile> (2020) [Zugriff 2020-08-25]

RKI, (Risikogruppen, 2020): Informationen und Hilfestellungen für Personen mit einem höheren Risiko für einen schweren COVID-19-Krankheitsverlauf, <https://www.bundesregierung.de/breg-de/themen/coronavirus/falschmeldungen-erkennen-1738120> (2020) [Zugriff 2020-08-25]

Tagesspiegel, (Todesursache, 2020): Gestorben „mit oder „an" COVID-19? – Warum in Deutschland so wenige Corona-Tode obduziert werden, <https://www.tagesspiegel.de/wissen/gestorben-mit-oder-an-covid-19-warum-in-deutschland-so-wenige-corona-tote-obduziert-werden/25726918.html> (2020) [Zugriff 2020-08-25]

BEI GRIN MACHT SICH IHR WISSEN BEZAHLT

- Wir veröffentlichen Ihre Hausarbeit, Bachelor- und Masterarbeit

- Ihr eigenes eBook und Buch - weltweit in allen wichtigen Shops

- Verdienen Sie an jedem Verkauf

Jetzt bei www.GRIN.com hochladen und kostenlos publizieren